LOS DINOSAURIOS
MÁS MORTÍFEROS

POR **"DINO"** DON LESSEM
ILUSTRACIONES POR **JOHN BINDON**

EDICIONES LERNER / MINNEAPOLIS

Para Hall Train, una de las personas menos desagradables y más talentosas de las relacionadas con los dinosaurios

Actualmente, existen pocos fósiles del *Megaraptor, Pyroraptor* y *Variraptor*. Al ilustrar estos dinosaurios, el artista se basó en la evidencia fósil y en lo que se conoce del aspecto de otros dinosaurios similares.

Fotografías cortesía de: © Denis Finnin, American Museum of Natural History, pág. 17; © Francois Gohier, pág. 28; © Ron Timblin, Dino Don, Inc., pág. 29.

Traducción al español: copyright © 2007 por ediciones Lerner
Título original: *The Deadliest Dinosaurs*
Texto: copyright © 2005 por Dino Don, Inc.
Ilustraciones: copyright © 2005 por John Bindon

La edición en español fue realizada por un equipo de traductores nativos de español de translations.com, empresa mundial dedicada a la traducción.

ediciones Lerner
Una división de Lerner Publishing Group
241 First Avenue North
Minneapolis, MN 55401 EUA

Dirección de Internet: www.lernerbooks.com

Library of Congress Cataloging-in-Publication-Data

Lessem, Don.
    (Deadliest dinosaurs. Spanish)
    Los dinosaurios más mortíferos / por "Dino" Don Lessem ; ilustraciones por John Bindon.
        p. cm. — (Conoce a los dinosaurios)
    Includes index.
    ISBN-13: 978-0-8225-6240-5 (lib. bdg. : alk. paper)
    ISBN-10: 0-8225-6240-5 (lib. bdg. : alk. paper)
    1. Dinosaurs—Juvenile literature. I. Bindon, John, ill. II. Title.
QE861.5.L475518 2007
567.912–dc22   2006001831

Fabricado en los Estados Unidos de América
1 2 3 4 5 6 – DP – 12 11 10 09 08 07

CONTENIDO

CONOCE A LOS DINOSAURIOS
MÁS MORTÍFEROS

**¡BIENVENIDOS, FANÁTICOS
DE LOS DINOSAURIOS!**

Soy "Dino" Don. Los dinosaurios ME
ENCANTAN. Incluso me gustan los mortíferos.
Los dinosaurios más mortíferos y temibles
eran los raptores. ¡Qué bueno que no
existíamos cuando estaban vivos! Ven a
verlos aquí; es seguro mirarlos.

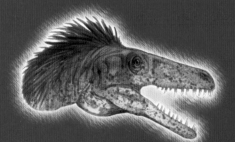

DEINONYCHUS
Longitud: 12 pies (3.7 metros)
Hogar: oeste de Norteamérica
Época: hace 115 millones de años

DROMAEOSAURUS
Longitud: 6 pies (1.8 metros)
Hogar: oeste de Norteamérica
Época: hace 76 millones de años

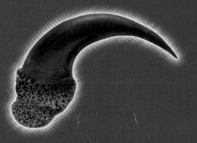

MEGARAPTOR
Longitud: 26 pies (8 metros)
Hogar: Sudamérica
Época: hace 86 millones de años
Sólo se han encontrado partes de la pata
trasera y la garra gigante de la pata
delantera.

MICRORAPTOR
Longitud: 1.8 pies (0.5 metros)
Hogar: Asia
Época: hace 124 millones de años

PYRORAPTOR
Longitud: 5.5 pies (1.7 metros)
Hogar: oeste de Europa
Época: hace 69 millones de años

UTAHRAPTOR
Longitud: 20 pies (6 metros)
Hogar: oeste de Norteamérica
Época: hace 125 millones de años

VARIRAPTOR
Longitud: 8.3 pies (2.5 metros)
Hogar: oeste de Europa
Época: hace 71 millones de años

VELOCIRAPTOR
Longitud: 6.5 pies (2 metros)
Hogar: Asia
Época: hace 80 millones de años

DINOSAURIOS MUY MORTÍFEROS

Uno de los dinosaurios más mortíferos de todos está cazando. Es el *Utahraptor*. Es casi tan grande como un camión de helados y tiene enormes garras y dientes filosos. Corriendo velozmente, el *Utahraptor* persigue a un enorme dinosaurio herbívoro.

El herbívoro es casi tan largo como una cancha de tenis. Es más largo que tres *Utahraptor* juntos. Posiblemente pese lo mismo que 10 de ellos. Sin embargo, el herbívoro está indefenso ante las garras y los dientes asesinos de este dinosaurio tan mortífero.

LA ÉPOCA DE LOS DINOSAURIOS MÁS MORTÍFEROS

Utahraptor

Deinonychus

Hace 125 millones de años

Hace 115 millones de años

El *Utahraptor* y sus parientes son los dinosaurios más mortíferos que se conocen. Algunas personas los llaman dinosaurios raptores. Los **dinosaurios raptores** vivieron hace 125 a 65 millones de años. La mayoría de ellos eran carnívoros pequeños. Al igual que otros carnívoros, tenían dientes filosos para matar.

Velociraptor

Dromaeosaurus

Pyroraptor

Hace 80
millones
de años

Hace 76
millones
de años

Hace 69
millones
de años

Pero estos dinosaurios mortíferos eran distintos de
otros dinosaurios carnívoros. Los raptores tenían
enormes garras curvas. Las usaban para cortar a
sus **presas**, los animales que cazaban y comían.
Además, tenían una cola larga como una vara.
Es posible que la usaran para mantener el
equilibrio mientras perseguían a la presa.

HALLAZGOS DE FÓSILES DE DINOSAURIOS

Los números en el mapa de la página 11 indican algunos de los lugares donde se han encontrado fósiles de los dinosaurios que aparecen en este libro. En esta página puedes ver los nombres y las siluetas de los dinosaurios que corresponden a los números en el mapa.

1. Deinonychus
2. Dromaeosaurus
3. Megaraptor
4. Microraptor
5. Pyroraptor
6. Utahraptor
7. Variraptor
8. Velociraptor

Los raptores y otros dinosaurios se extinguieron hace millones de años. Todo lo que sabemos sobre ellos proviene de **fósiles**. Los fósiles son rastros dejados por animales y plantas que murieron. Los científicos han encontrado fósiles de huesos, dientes y garras de raptores, principalmente en los continentes del norte.

A través de los fósiles, los científicos entienden cómo eran los raptores y cómo vivían. Los fósiles de garras y mandíbulas también les ayudan a entender cuales eran los más mortíferos. Los dinosaurios más mortíferos tenían mandíbulas poderosas y garras asesinas.

Algunos raptores eran pequeños como un cachorro de perro. Otros medían más que dos autos juntos. Pero ninguno tenía ni la mitad del tamaño de los grandes carnívoros como el *Tyrannosaurus rex*. ¿Por qué algunos raptores eran tan pequeños?

Los científicos creen que tenían un trabajo
especial en la naturaleza. Los raptores
pequeños, como el *Pyroraptor*, probablemente
cazaban lagartos, animales y otros dinosaurios
pequeños. Los raptores que comían presas
tan pequeñas no podían crecer mucho.

Cuando se trata de maldad, el tamaño no importa. Aunque pequeños, los raptores eran cazadores mortíferos. Además, al cazar en grupo, los pequeños raptores podían atacar animales mucho más grandes que ellos.

Algunos raptores hasta se atacaban entre ellos. Se encontró un fósil de una cría de *Velociraptor* con marcas de dientes en la cabeza. ¡Es posible que otro *Velociraptor* la haya matado!

GARRAS Y MANDÍBULAS ASESINAS

Estamos en el desierto en el este de Asia central, hace 80 millones de años. Un *Velociraptor* ataca a un *Protoceratops*. De repente, la duna sobre la que están peleando se hunde. Los dinosaurios quedan enterrados en la arena.

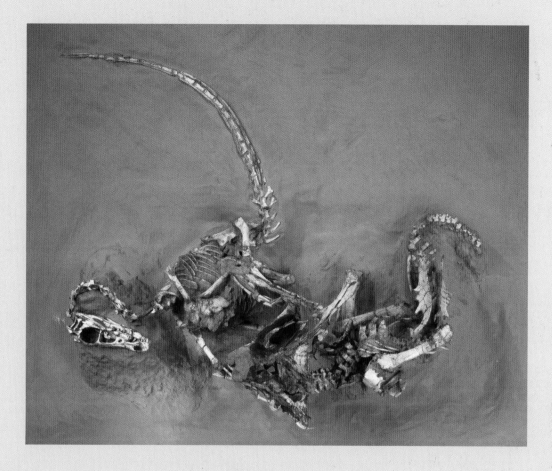

Los investigadores encontraron fósiles de estos dos dinosaurios en 1971. Los **esqueletos** estaban casi completos. Estaban en la misma posición en que murieron. Gracias a los fósiles, los científicos pudieron ver cómo los raptores usaban sus mandíbulas y garras asesinas.

Las garras de las patas delanteras y traseras del raptor eran su mejor arma. Eran curvas y filosas para enganchar a la presa. Los raptores tenían una garra gigante en cada extremidad. Podían retraer las garras de la misma manera en que los gatos esconden las uñas. De esa manera, podían correr sin arrastrar esas enormes garras.

Cuando un raptor alcanzaba a su presa,
saltaba y la golpeaba. La desgarraba con
las patas delanteras y traseras. Con las
garras, cortaba a la víctima. Ningún
dinosaurio tenía armas más mortíferas.

Un pequeño *Variraptor* ha atrapado
a un animalito. De un salto y un mordisco,
el raptor aplasta al animal y devora su
cabeza.

El *Variraptor* tenía mandíbulas pequeñas y angostas llenas de dientes puntiagudos. Cada diente tenía surcos, como los de un cuchillo, para cortar la carne. El *Variraptor* podía partir en dos incluso a un animal más grande.

Es posible que los raptores, como estos *Deinonychus*, que medían lo mismo que una persona, cazaran en grupos o **manadas**. Esta manada se ha encontrado con un *Gastonia*, un enorme dinosaurio acorazado, que está herido.

Los *Deinonychus* son lo suficientemente rápidos para acercarse y rodear al dinosaurio moribundo. Varios *Deinonychus* usan sus garras para atacar al dinosaurio acorazado. Con sus enormes y filosas garras, le abren el blando vientre. Juntos, acabarán con su presa.

DESCUBRIMIENTOS SOBRE RAPTORES

El primer raptor que se descubrió fue el *Dromaeosaurus*. Sus fósiles se encontraron en el oeste de Canadá en 1914. El *Dromaeosaurus* no era más grande que un perro labrador, pero tenía una cola mucho más larga.

El *Dromaeosaurus* era un cazador inteligente. Sus filosos dientes tenían crestas para desgarrar la carne. Otros raptores tenían el mismo tipo de dientes, pero el *Dromaeosaurus* tenía una cabeza grande y fuerte, poco común para su tamaño.

En el año 2000, el descubrimiento del
Microraptor en China entusiasmó a los
científicos de todo el mundo. Es uno de los
dinosaurios más pequeños que se han
descubierto. No era más grande que un cuervo.

El *Microraptor* también era pariente cercano
de las aves, pero era un dinosaurio malvado
con garras filosas. No sabemos con certeza
qué comía. Tal vez cazaba lagartos,
animales diminutos, insectos o incluso aves.

El científico Jim Kirkland encontró un fósil del raptor más grande en 1991. El equipo del doctor Kirkland desenterró una enorme garra de *Utahraptor*.

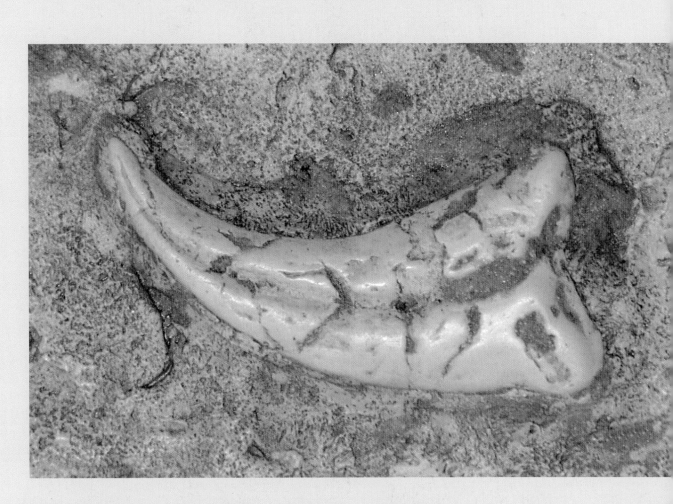

El *Utahraptor* era un cazador rápido y mortífero. La garra de las patas traseras era afilada como una navaja y más larga que tu pie. También tenía dientes filosos, buena vista y patas fuertes. Tal vez el *Utahraptor* haya sido el dinosaurio más mortífero de todos.

Imagina un dinosaurio asesino tan largo como un autobús escolar, con garras que medían el doble de un plátano. Esta criatura temible vivió en Sudamérica, hace 86 millones de años. Es el *Megaraptor*. Es posible que cazara presas enormes, como este *Rebbachisaurus*.

Casi todo lo que sabemos del *Megaraptor* proviene de una pata y una enorme garra fósil, pero los científicos esperan descubrir más. El *Megaraptor* tal vez no esté muy emparentado con los verdaderos raptores. Sin embargo, era un dinosaurio mortífero con garras gigantes.

GLOSARIO

dinosaurios raptores:
dinosaurios carnívoros con
una garra en cada pata
que les servía para matar y
una cola larga similar a una
vara

esqueleto: el conjunto de
huesos del cuerpo

fósiles: restos, huellas o rastros
de algo que vivió hace
mucho tiempo

manadas: grupos pequeños
de animales que viven,
comen y viajan juntos

presas: animales que son
cazados y comidos por
otros animales

ÍNDICE